D1694905

Hildegard Giegerich

Paul & Pauline
und andere
Tiergeschichten

Copyright: © 2017 Hildegard Giegerich
Umschlag & Satz: Erik Kinting
Illustrationen: Renate Werber

Bibliografische Information der Deutschen Nationalbibliothek:
Die Deutsche Nationalbibliothek verzeichnet diese Publikation in der Deutschen Nationalbibliografie; detaillierte bibliografische Daten sind im Internet über http://dnb.d-nb.de abrufbar.

Der kleine Hirschkäfer Willi

Es gab für Willi, den kleinen Hirschkäfer, nichts Schöneres, als am Wegesrand im Wald spazieren zu gehen. Er hörte die Menschen erzählen und sah, wie die Jogger rannten. Vor allem aber liebte er es, wenn Fahrräder vorbeifuhren. Das war für Willi sehr abenteuerlich. Er fühlte nur ein Beben und Vibrieren der Erde und schon war das Fahrrad vorbei.

Doch eines Tages kamen mehrere Fahrräder auf einmal. Die wirbelten Sand und Staub auf, sodass Willi einen Hustenanfall bekam. Dabei verlor er das Gleichgewicht, stürzte in einen Graben und blieb auf dem Rücken liegen.

Das Kitzeln im Hals ließ langsam nach, doch was war das? Zum ersten Mal sah Willi den Himmel und die Sonne. Bisher hatte er nur gefühlt, wie warm die Sonne war, wenn sie schien. Den Himmel kannte er gar nicht und dieser wahr an diesem Tag wunderbar blau:

»Wie wunderschön!«, rief Willi.

Dann wurde es ihm langsam ungemütlich. Er fing an zu strampeln und versuchte, einen Grashalm zu erreichen. Trotz aller Bemühungen schaffte er es nicht.

Er begann zu rufen: »Hilfe, kann mir jemand helfen?«

Er wollte nicht zu laut sein, denn wenn seine Mutter ihn hören würde, gäbe es ein Donnerwetter, denn die Vögel liebten junge Käfer; außerdem brauchten sie Futter für ihre Jungen. Im Wald waren auch immer viele Leute zu Fuß unterwegs. Für so einen kleinen Käfer sahen schon Kinderschuhe aus wie eine große Walze! Deshalb sollte sich Willi immer unter Sträuchern und Ästen aufhalten, denn dort war er sicher.

Aber alles half nichts, er musste wieder auf seine Füße kommen. Willi fing an, lauter zu rufen.

Da hörte er ein leises Flügelschlagen. Schon sah er einen kleinen gelben Schmetterling über sich fliegen:

»Hallo«, sagte der kleine gelbe Schmetterling, »wie kann ich dir helfen?«

»Bitte hilf mir auf, damit ich wieder laufen kann!«

Der kleine Gelbe streckte ihm seine zarten Beinchen entgegen, aber die waren für den kleinen Käfer zu schwach.

»Oh«, sagte Willi zum Schmetterling: »Du hast zu wenig Kraft. Ich möchte dir nicht die Beine ausreißen. Lieber bleibe ich so liegen!«

Willi fing an zu weinen, denn es wurde langsam dunkel. Nun rief er doch nach seiner Mutter: »Mama, hilf mir!«

Die Käfermama vermisste ihren Willi schon und suchte nach ihm. Da begegnete sie dem kleinen gelben Schmetterling. Sie fragte ihn: »Hast du einen kleinen Hirschkäfer gesehen, der sich verirrt hat?«

»Ja«, sagte der Schmetterling. Er berichtete der Käfermama von seiner Begegnung mit Willi.

Da spreizte die Mutter ihre Flügel aus und flog so schnell es ging zu ihrem Sohn.

Willi lag immer noch auf dem Rücken, weinte und strampelte.

»Ist ja gut, nun bin ich bei dir!«

Die Käfermama versuchte, ihrem Sohn wieder auf die Füße zu helfen, aber es ging nicht, denn das Gras und die Blätter waren so glatt, dass sie keinen Halt finden konnte. Es war Nacht geworden und somit war keine Hilfe mehr zu erwarten. Im Wald wurde es still. Die Käfermama war ganz aufgeregt und wusste selbst nicht mehr, was sie tun sollte.

Leises Rascheln im Laub ließ beide aufhorchen.

»Ist da jemand?«, fragte Willis Mama:

»Ja«, kam es leise zurück. »Ich bin Rivi, ein Baumelf. Kann ich euch helfen?«

Rivi erkannte sofort was los war. Leise pfiff er und es kamen noch drei andere Baumelfen: Emi, Uli und Mole. Die vier holten einen kleinen Ast, legten ihn Willi zwischen seine kleinen zarten Beinchen und Rivi sagte: »Jetzt schling deine Beinchen ganz fest um den Ast! Ich zähle bis drei, dann drehen wir dich mit einem Schwung um!«

Gesagt, getan: »Eins, zwei, drei!« Und schon stand Willi wieder auf seinen kleinen Käferfüßchen.

Etwas benommen sagte er: »Danke!«

Die Käfermama war überglücklich, dass die kleinen Baumelfen ihrem Willi geholfen hatten.

»Für uns«, sagten Rivi, Emi, Uli und Mole, »ist es selbstverständlich, dass wir helfen. Denn wer hilft, dem wird auch geholfen.«

»Ja, so ist es!«, sagte die Käfermama.

Die anderen Käferkinder hatten schon sehnsüchtig auf ihre Mama und Willi gewartet und waren überglücklich, als sie die beiden sahen.

Später erzählte Willi seinen Geschwistern von seinem Abenteuer und der Hilfe, die er von den Baumelfen bekommen hatte. Ein aufregender Tag ging für die kleine Käferfamilie zu Ende.

Die Liebe zwischen Hund und Katz

Luzie, die kleine Katze mit dem roten Fell, war viel alleine unterwegs. Heute stand der Wald auf ihrem Ausflugsprogramm. Sie schlich ganz leise, damit sie die Vögel nicht hörten, denn sie liebte es, alles zu erschrecken, was Federn hatte.

Als sich Luzie dem Wald näherte, hörte sie ein Wimmern. Sie lauschte mit ihren kleinen Ohren: Woher kam denn das?

Plötzlich hörte sie, wie ein Hund sagte: »Ich kann nichts mehr sehen. Jetzt muss ich verhungern, denn ein blinder Hund ist ohne Hilfe verloren!«

Leise schlich sich die kleine Katze an den Hund heran, denn eins wusste sie: Hund und Katz waren meistens keine guten Freunde. Doch was Luzie dann sah, ließ ihr kleines Katzenherz schneller schlagen: Vor ihr lag ein blinder Hund, sein Fell war ganz zerzaust und er sah ganz traurig aus.

Luzie nahm allen Mut zusammen und fragte ihn: »Wer bist du denn? Und was machst du hier?«

»Ich heiße Rocky. Man hat mich hier vergessen. Seit Tagen liege ich hier, denn ich kann nichts mehr sehen, alles ist dunkel um mich herum. *Ein blinder Hund ist das Fressen nicht wert*, sagte mein Herrchen.«

Die kleine Katze weinte vor Mitleid und versprach Rocky, ihm zu helfen. »Hoffentlich hast du nichts gegen Katzen!«

Rocky freute sich riesig und sein Hundeherz machte Freudensprünge. Endlich war er nicht mehr so alleine:

»Wir haben aber ein Problem«, sagte Luzie. »Ich bin zu klein, um dir Futter zu bringen, also musst du mit mir kommen.«

Langsam erhob sich Rocky. Seine Glieder waren ganz steif vom langen Liegen. Er versuchte, zu laufen, aber ständig stieß er sich den Kopf an, weil er nichts sehen konnte.

Da meinte Luzie: »Weißt du was? Ich setze mich auf deine Schultern und sage dir, wohin du gehen musst!«

So kam es, dass man im Wald einem Hund mit einer Katze auf dem Rücken begegnen konnte.

Die beiden liefen langsam zu Luzies Zuhause. Luzie hörte ihr Katzenfrauchen Miriam schon rufen: »Luzie! Wo bist du? Hier ist dein Futter!«

Luzie dirigierte Rocky zum Futternapf. Als er anfing zu fressen, schüttelte er sich. »Hast du schon mal gesehen, dass ein Hund Fisch frisst?«, sagte er entsetzt. »Ich mag lieber Fleisch und Knochen!«

Luzie meinte: »Hast du schon einmal eine Katze gesehen, die Knochen frisst?«

Da kam Miriam neugierig zu ihnen. »Wer bist du denn?«, fragte sie, als sie Rocky sah. Sie merkte gleich, dass der Hund blind wahr: »Um einen blinden Hund kann ich mich nicht kümmern«, sagte sie. »Ich rufe im Tierheim an, die sollen ihn abholen!«

Rocky wurde immer trauriger und Luzie weinte, denn eigentlich war ihr Frauchen immer sehr lieb gewesen.

»Was machen wir jetzt?«, fragte Rocky.

»Ich bleibe bei dir!«, sagte Luzie entschlossen. »Wir werden einen Weg finden. Aber du musst hier weg!« Wieder setzte sich die kleine Katze auf die Schultern von Rocky.

Er nannte sie nun *Äuglein*: »Wohin soll ich gehen, Äuglein?«, fragte Rocky ängstlich!
Sie führte in hinter einen großen Busch und sagte: »Bleib hier, bis es dunkel wird, dann komme ich wieder! Ach so!«, bemerkte sie. »Du kannst ja keinen Unterschied zwischen Tag und Nacht erkennen. Also: Sobald ich kann, bin ich wieder bei dir.«

Kaum war die kleine Katze weg, fühlte sich Rocky furchtbar einsam und fing wieder an zu weinen. Da vernahm er ein leises Klingeln – Hunde haben ein ganz feines Gehör und Blinde, ob Mensch oder Tier, erst recht. Schon die leiseste Bewegung in ihrer Umgebung nehmen sie wahr. Rocky fühlte, dass jemand bei ihm war. »Ist hier jemand?«
Da sagte ein zartes Stimmchen: »Ja, ich bin es, Eli-Chri, ein Engel vom Stern der Liebe.«
»Ein Engel?«, sagte Rocky. »Ich dachte, ihr seid nur für Menschen zuständig!«
»Nein!«, sagte Eli-Chri. »Gott sorgt für all seine Geschöpfe, denn seine Liebe gehört seiner ganzen Schöpfung. Ich will dir helfen, denn ich hörte dein Weinen!«

14

»Ich bin müde und möchte gerne schlafen, Hunger und Durst habe ich auch«, sagte Rocky. »Luzie kommt, wenn es dunkel ist, und hilft mir.«

»Ich weiss«, sagte Eli-Chri: »Ich habe sie dir geschickt!« Eli-Chri zauberte mit ihrem Zauberstab einen Napf mit leckerem Futter herbei.

Als Rocky das roch, hob er den Kopf und fing gleich an, zu fressen. Gierig schlang er alles hinunter.

»Neben dir steht auch eine Schale mit Wasser, trinke noch, damit du, wenn Luzie kommt, Kraft hast. Du wirst mit ihr eine lange Reise unternehmen, aber ich werde immer bei euch sein.«

»Danke!«, rief Rocky und schlürfte genüsslich das Wasser. Dann legte er sich nieder und wartete auf seine Freundin *Äuglein*.

Luzie hatte Probleme von ihrem Frauchen Abschied zu nehmen. Sie rang mit sich, aber schließlich traf sie eine Entscheidung. Sie ging, denn Rocky wartete auf sein *Äuglein* und sie hatte den Hund richtig lieb, vor allem wollte sie ihm helfen.

Langsam schlich sie sich zur Türe hinaus und rannte durch den Garten zu Rocky.

Rocky hörte es rascheln: »Bist du es, Äuglein?«

»Ja!«, sagte Luzie.

Gleich erzählte er Luzie von dem Engel.

Dann wurde es ihnen schwer um ihre kleinen Tierherzchen, denn sie wussten nicht, wohin.

Plötzlich sah Luzie einen Weg vor sich, der wie goldenes Licht leuchtete: »Komm, Rocky, steh auf, lass uns gehen. Vor uns liegt ein langer Weg, aber wir schaffen ihn.«

So setzte sie sich wieder auf Rockys Schulter und sagte ihm, wohin er laufen sollte.

Es ging sehr langsam voran, aber sie erzählten sich viel und konnten auch miteinander lachen.

Als sie müde wurden legten sie sich hin, aber so, dass sie niemand sah.

Danach ging die Reise weiter.

Bald hatten sie jegliches Zeitgefühl verloren. Auf einmal sah Luzie in der Ferne ein großes Gebäude stehen und der goldene Weg, den sie immer vor sich sah, führte direkt dorthin.

Am Ende des Weges kamen Luzie und Rocky zu einem großen Hof. Zaghaft liefen sie auf das Gebäude zu. Es sah aus wie ein großer Stall.

Danach kam ein Wohnhaus, aber vor allem waren hier viele, viele Tiere: Schweine, Kühe, Pferde, Hunde, Katzen, Meerschweinchen, Esel, Lamas und Hühner. So viele Tiere hatte Luzie noch nie auf einmal gesehen. Sie erzählte es Rocky.

Da kam eine Frau aus dem Stall und sie blickte ganz verwundert auf die beiden: »Ja wer seid ihr denn?« Liebevoll ging sie auf die beiden zu, nahm Luzie in ihre Arme und streichelte ihr Fell. Dabei merkte sie, dass das kleine Kätzchen ganz ausgehungert war. »Du hast bestimmt Hunger und Durst. Komm, ich bringe dich zur Ute, die gibt dir, was du brauchst!« Zu Rocky sagte sie: »Um dich kümmere ich mich gleich selbst!«

Nachdem sie Luzie zu Ute gebracht hatte, kam die Frau zurück. Vorsichtig nahm sie Rocky an seinem Halsband und streichelte über sein Fell. Sie hatte sofort bemerkt, dass er nichts mehr sehen konnte.

Liebevoll sprach sie zu ihm: »Später kommt deine kleine Freundin wieder zu dir, denn ich glaube, dass du eine schwere Zeit hinter dir hast. Bei uns bist du gut aufgehoben, denn alle Tiere, die zu uns kommen, dürfen für immer hier bleiben. Dieser Hof hier ist für alle Tiere, die die anderen Menschen nicht mehr wollen.«

Rockys Hundeherz hüpfte vor Freude und sein Schwanz wedelte lustig hin und her, wie schon seit langer Zeit nicht mehr.

Hier endete die goldene Spur vom Engel der Liebe. Rocky hatte ein neues Zuhause gefunden und Luzie gefiel es so gut, dass sie bei Rocky blieb. Der blinde Hund dankte innerlich dem Engel von ganzem Hundeherzen für seine Hilfe, denn Luzie, sein *Äuglein*, hatte ihm von dem goldenen Licht erzählt, das ihnen den Weg gezeigt hatte.

Leise rief Rocky nach dem Engel Eli-Chri. Schon hörte er das leise Klingeln und der Engel stand vor ihm, das spürte Rocky sofort: »Von ganzem Herzen danke ich dir für deine Hilfe!«

»Oh!«, sagte der Engel. »Es ist meine Aufgabe, in der Not zu helfen. Das ist das Schönste, was es gibt. Ich wünsche dir und deinem Äuglein eine schöne Zeit auf diesem Hof der Liebe.«

Bevor der kleine Engel sich verabschiedete, pustete er noch einmal feinen Engelsstaub über alles.

Rocky und Luzie winkten ihm noch lange nach, obwohl er schon längst nicht mehr zu sehen war. Sie hatten ein neues Zuhause gefunden und waren überglücklich.

20

Die Schmetterlinge Paulinchen und Paul

Der Schmetterlingsflieder hatte heute einen ganz besonderen Duft, das lockte viele hungrige Schmetterlinge an. Das Tagpfauenauge, der Zitronenfalter und viele andere Schmetterlinge, aber auch Bienen kamen, um sich den Blütennektar zu holen. Die langen Rispen des Schmetterlingsflieders bogen sich leicht im warmen Sommerwind.

Auf der untersten Rispe saß ein kleiner blauer Schmetterling. Er war sehr jung, seine Flügel sahen ganz neu aus. Es war sein erster Versuch an einer Blüte den Nektar zu saugen.

Da hörte er hinter sich eine Stimme: »Kann ich dir helfen?«

Zaghaft drehte sich der kleine Schmetterling um. Er sah einen anderen Schmetterling, der genauso aussah. »Gerne, wenn du willst!«

»Schau!«, sagte der große Helfer: »So musst du es machen!« Er rollte seinen Rüssel aus und saugte den Blütennektar wie mit einem Strohhalm aus der Blüte.

»Danke, Großer!«, sagte der kleine Schmetterling, rollte seinen kleinen Rüssel aus, steckte ihn in den Blütenkelch und fing an zu saugen. Er labte sich an dem süßen Nektar des Flieders. Das war seine erste Nahrung als Schmetterling auf diesem herrlichen Planeten Erde.

Langsam ging die Sonne unter. Der Kleine saß immer noch auf dieser Rispe. Er hatte zu viel Nektar getrunken, nun musste er erst noch ein bisschen ruhen, bis er sich wieder in die Luft schwingen konnte, um weiterzufliegen.

Der große blaue Schmetterling hatte in der Zwischenzeit schon einen langen Flug hinter sich. Er wollte noch ein Schlückchen vom Nektar trinken, als Betthupferl, bevor er schlafen ging. Von Weitem sah er, dass der Kleine immer noch auf der Rispe saß.

»Hallo, du bist ja immer noch da!«

»Ach weißt du, ich hatte zu viel getrunken, aber jetzt muss ich weiterfliegen … glaube ich … doch ich weiß nicht wohin, denn es ist meine erste Nacht als Schmetterling!«

Der Große wusste, wie es ist, den ersten Tag als Schmetterling in einer unbekannten Welt zu erleben: »Komm, wir suchen uns einen schönen Platz, wo wir ungestört schlafen können!«

Sie flogen los.

»Hast du schon einen Namen?«, fragte der Große.

»Was ist ein Name?«

»Ein Name ist dafür da, dass man weiß, wer gemeint ist, sonst würden ja alle *Du* heißen!«

»Ach so, jetzt verstehe ich. Wie heißt du?«, fragte der Kleine.

»Ich heiße Paul.«

»Gut, dann will ich auch Paul heißen.«

»Dann heißen wir ja gleich. Aber du bist ein Mädchen, da könntest du Paulinchen heißen!«

Sie war überglücklich mit ihrem Namen. »Das gefällt mir sehr gut!«

Sie lachten vor Freude über ihre schönen Namen. Da sahen sie unter sich eine wunderschöne Rosenhecke mit großen roten Blüten, auf die sie sich setzten. Sie waren ganz außer Atem, denn fliegen ist ganz schön anstrengend.

Die Rosenhecke war voller Freude über ihren Besuch und fragte: »Darf ich mitlachen?«

Und so erzählten Paul und Paulinchen die Geschichte ihrer beider Namen. Die Rose schmunzelte, denn sie war froh, wenn sie Besuch von Bienen und Schmetterlingen bekam. Die konnten ihr von ihren Erlebnissen in der weiten Welt erzählen, denn die Rose stand ja immer, jahrein, jahraus, am gleichen Platz.

»Es ist spät, ihr zwei, wollt ihr nicht bei mir bleiben und hier übernachten? Ich lade euch ein, meine Gäste zu sein!«

So blieben die beiden Schmetterlinge bei der Rose. Sie setzen sich unter die Blätter, rollten ihre Fühler ein und klappten ihre Flügel zusammen.

»Gute Nacht, Paul, und danke!«, sagte Paulinchen.

»Gute Nacht, Kleine.«

»Gute Nacht, ihr beiden!«, sagte die Rose und schloss ihre Knospen:

»Dir auch eine gute Nacht, liebe Rose!«, riefen die Schmetterlinge wie aus einem Mund.

Still wurde es im Garten und Paulinchen konnte in aller Ruhe schlafen, denn ihr großer Freund saß ganz dicht neben ihr. Es war Paulines erste Nacht als Schmetterling. Gestern hatte sie noch in einem Kokon geschlafen, heute Morgen war sie aufgewacht und hatte sich mit viel Kraft aus dem engen Häuschen befreit. Was für ein aufregender Tag für den kleinen Schmetterling!

Es dauerte nicht lange, und sie war fest eingeschlafen.

Paul hatte Paulinchen beobachtet, denn als er aus seinem Kokon geschlüpft war, musste er alles selbst erkunden. Er wusste wie es war, wenn sich alles fremd anfühlte. Umso mehr war es für ihn eine große Freude, Paulinchen zu helfen und ihr ein guter Freund zu sein. Liebevoll stellte er seine Flügel so, dass der kleine Schmetterling beschützt schlafen konnte. Paul war sehr glücklich, dass es nun Paulinchen in seinem Leben gab.

Paulinchen entdeckt die Welt

Als die Sonne warm auf den Rosenstock schien, erwachte Paulinchen. Ihre erste Nacht als Schmetterling war wundervoll gewesen. Sie hatte einen wunderschönen Traum von einer herrlichen Blumenwiese. Wie aufregend das alles war. Der kleine Schmetterling bewegte seine Flügel und rollte seine Fühler aus.

»Und jetzt, jetzt fliege ich los in mein neues Leben.« Das sagte sie auch zur Rose und zu Paul: »Vielen Dank ihr Lieben. Danke Rosenstrauch, für diese wunderbare Nacht in deinem herrlichen Rosenduft. Dir lieber Paul danke ich, dass du dich so liebevoll um mich gekümmert hast, aber jetzt muss ich alleine weiterfliegen, denn auf mich wartet bestimmt viel Neues und Aufregendes!«

Paulinchen schwang sich in die Luft und flog davon. Der kleine Schmetterling flog voller Freude durch die Lüfte, ließ sich vom Wind tragen, bis er sich müde und hungrig nach einem Landeplatz umsah.

Langsam flog Paulinchen immer tiefer. Da war ja die Blumenwiese, genau so, wie sie es im Traum gesehen hatte.

Paulinchen landete auf einer großen Blüte: »Wer bist du?«, fragte Paulinchen die Blume.

»Ich bin eine Margerite. Du bist wohl ein ganz junger Schmetterling?«, fragte die Blume zurück.

»Ja!«, rief Paulinchen. »Du bist meine zweite Blume in meinem Schmetterlingsleben.«

»Dann sei herzlich willkommen auf dieser schönen Erde, lieber kleiner Schmetterling. Du bist für uns Blumen sehr wichtig. Du trinkst bei uns den Nektar und zugleich trägst du unseren Blütenstaub weiter.«

»Ja«, sagte Paulinchen: »Hungrig wäre ich schon!« Sie rollte ihren Rüssel aus und fing an, den herrlichen Nektar zu trinken: »Danke, liebe Margerite!«

Paulinchen flog zur nächsten Blume: »Wie heißt du?«, fragte sie die kleine blaue Blume.

»Ich bin ein Vergissmeinnicht und neben mir steht eine Dotterblume, hinter mir ist eine Kleeblüte und vor mir steht das Wiesenschaum-kraut.«

»O, das sind aber viele Namen, die kann ich mir nicht alle merken.«

»Das brauchst du auch nicht, kleiner Schmetter-ling. Wir sind alle auf dieser wunderschönen Welt eins.«

Paulinchen überlegte, was die kleine Blume da-mit wohl meinte.

Plötzlich hörte sie ihren Namen: »Hallo Paulin-chen!«, rief Paul, komm lass uns ein bisschen Spass haben!«

»Was ist Spass?«, fragte Paulinchen.

»Ich zeige es dir!« Und schon saß Paul auf der Margerite und schaukelte im Wind hin und her.

Beide lachten vor lauter Freude, bis sie Schluck-auf bekamen. Die Blumen auf der Wiese freuten sich mit den Schmetterlingen und wiegten sich ebenfalls mit ihnen im Wind. Paul und Paulin-chen flogen hoch in die Luft und tanzten wie klei-ne Wirbelwinde. Sie waren außer sich vor Freu-de.

»Ich kann nicht mehr!«, rief Paulinchen und ganz atemlos setzte sich auf einen großen Busch.

»Hallo, willkommen, kleiner Schmetterling!«, sagte der große Busch.

»Wie heißt du?«, fragte der kleine Schmetterling.

»Ich bin ein Holunderbusch.«

Es wurde schon dunkel und Paulinchen fragte: »Darf ich heute Nacht bei dir bleiben? Hier fühle ich mich so beschützt!«

»Gerne, kleiner Schmetterling. Weißt du, bei mir wohnen viele Tiere. Schau, dort oben ist ein Vogelnest.«

»Was ist ein Vogel?«, fragte Paulinchen.«

»Du bist noch nicht lange als Schmetterling auf dieser Erde, oder?«

»Stimmt«, sagte Paulinchen: »Das war heute mein zweiter Tag.«

»Dann ruhe dich aus. Morgen reden wir weiter!«

»Gute Nacht, Holunderbusch«, sagte der kleine Schmetterling und gähnte dabei.

»Gute Nacht, kleiner Schmetterling.«

Paulinchen schlief gleich ein.

Als der kleine Schmetterling am nächsten Morgen erwachte, hörte er eine bekannte Stimme: »Na, ausgeschlafen?«

»Wo kommst du denn her!«, rief Paulinchen.

»Ich wollte auf dich aufpassen und bin dir nach-
geflogen.«

Paulinchen freute sich, dass Paul bei ihr war.

»Guten Morgen euch allen!«, rief der Holunderbusch. »Schaut, der Hase Oscar kam auch noch
ganz spät in der Nacht.«

»Wie sieht ein Hase aus?«, fragte Paulinchen.

»Hier unten bin ich!«, rief Oscar.

Paulinchen flog zu ihm und bestaunte ihn: »Du
bist aber groß. Wo ist dein Zuhause, Oscar,
wenn du nicht hier beim Holunderbusch bist?«

Oscar fing an, zu erzählen. Paulinchen lauschte
interessiert, als Oscar aus seinem Leben erzählte. So erfuhr sie zum Beispiel, dass er sehr viel
unterwegs war, denn Hasen sind sehr schnell.

»Nur im Winter müssen wir sehr vorsichtig sein,
wenn es geschneit hat, denn dann sieht man alle
Spuren auf der weisen Schneedecke.«

»Was ist Winter?«, fragte Paulinchen.

Und nun kam Oscar richtig in Fahrt, denn er erzählte für sein Leben gern: »Also, im Winter ge-
friert das Wasser, das sonst als Regen fällt,
schwebt in Form von kleinen Kristallen auf die

Erde und bleibt liegen. Viele Tiere machen einen Winterschlaf. Die liegen dann in ihrem Bau und schlafen, bis die Sonne wieder warm scheint und der Schnee weggeschmolzen ist, denn sie finden bei Eis und Schnee kein Futter. Viele Vögel fliegen fort, dahin, wo es warm ist. So ist es auch, wenn Tiere hungrig werden. Es gibt Tiere, die ihre Nahrung von ganz alleine finden, so wie du, kleiner Schmetterling. Es gibt aber auch Tiere, wie diesen kleinen Vogel da oben im Nest, der nicht fliegen kann, weil er noch viel zu klein ist. Der braucht dann Eltern, die ihm sein Futter bringen. Denn die kleinen Vögel kommen ohne Federn zur Welt. Die haben nur ein bisschen Flaum auf ihrem kleinen Vogelkörper. Du siehst: Der Schöpfer hat es so eingerichtet, dass alles seine Ordnung hat und jedes Tier, und wenn es noch so klein ist, das Passende findet, damit es leben kann. Es gibt ganz viele Tiere große und kleine Tiere. Wir hier sind nur ein paar ganz wenige.«

Während Oscar erzählte, kam ein junger Fuchs dazu. Auch er war ganz klein und hatte vom Leben noch keine Ahnung. Er lauschte und es wurde ihm ein bisschen mulmig. Paulinchen hatte ihn kommen sehen und wollte nun wissen, was er für ein Tier war. Also flog sie zu dem kleinen Fuchs und frage ganz leise, um Oscar nicht zu unterbrechen: »Wer bist du und wie heißt du?«

»Ich bin ein Fuchs und einen Namen habe ich noch nicht«, flüsterte er.

»Deshalb freut euch auf die Vielfalt«, rief Oskar währenddessen, »ihr werdet erstaunt sein, was es alles auf dieser wunderschönen Erde zu sehen und zu erfahren gibt. Freut euch auf eure Reise. Hiermit beende ich meine Rede«, meinte Oscar, »denn wenn ihr so viel erzählt bekommt, werdet ihr entweder ängstlich oder ihr meint, ihr wüsstet schon alles. Macht lieber eure eigenen Erfahrungen.« Er hoppelte davon und rief noch: »Vielleicht sieht man sich ja mal wieder!«

Als Oscar davongehoppelt war, stellten die Tiere fest, dass sie nicht allein dieser großen Rede zugehört hatten, sondern noch andere hinzugekommen waren.

Paulinchen sass noch bei dem kleinen Fuchs: »Wie wäre es mit Samtpfote?«

»O ja!«, rief der kleine Fuchs, »so möchte ich heißen.

»Und wie ist mein Name?«, fragte der kleine Igel.

Da meinte der Holunderbusch: »Wie wäre es mit Max?«

»Das ist ein schöner Name, gestatten: Ich bin der Max!« Und alles musste lachen.

Ein ganz zartes Stimmchen kam aus dem hohen Gras: »Ich möchte auch einen Namen.« Es war ein kleines Kaninchen.

Da rief Paul: »Wie wäre es mit Leo?«

»Sehr gut, das ist ein schöner Name für mich.«

Jetzt hatten alle einen Namen, nur nicht der kleine Vogel oben im Nest, doch der hieß ab jetzt *Zippi*.

Der kleine Fuchs dachte: »O je, und jetzt?« Er hatte nun zwar einen Namen, aber das, was der Feldhase erzählt hatte, ließ ihm keine Ruhe. Und so fragte er sich, ob die Erde wirklich so schön war.

Pauline aber dachte sich: *Da bin ich aber neugierig, was mich noch alles erwartet.* Sie freute sich riesig.

Der kleine Igel meinte: »Mal sehen, was kommt!«

Das Kaninchen hüpfte vor Freude, denn es hatte eben gehört, dass die Erde wunderschön sein sollte.

Doch der kleine Vogel Zippi fing an zu jammern: »Ich kann noch nicht fliegen. Ich denke, das schaffe ich auch nicht!«

Paulinchen rief: »Hör auf zu denken und flieg einfach los. Ich habe das auch so gemacht, breite deine Flügel aus und sage dir: Ich schaffe das. Wozu hast du denn Flügel?«

»Aber es geht nicht!«, rief Zippi.

»Du musst dich auf den Rand von deinem Nest setzen!«, meinte der Holunderbusch: »Weißt du, kleiner Zippi, du wärst der erste Vogel, der nicht fliegen kann. Alle Vögel, die bei mir zu Gast waren oder bei mir wohnten, und das waren schon ganz, ganz viele, konnten alle fliegen!«

»Schau!«, rief der Fuchs Samtpfote, »Kaninchen Leo, Igel Max und ich haben schon ganz viel Laub zu einem Haufen aufgetürmt. Wenn du es nicht schaffst, zu fliegen, fällst du weich!«

Paulinchen war zu dem kleinen Vogel geflogen und setzte sich zu ihm auf den Nestrand.

»Schau!«, sagte sie: »Meine Flügel sind viel kleiner als deine und ich kann trotzdem fliegen!«

Da holte der kleine Vogel tief Luft und breitete mutig seine Flügel aus. Paulinchen sah das, flog schnell los und der kleine Zippi hinterher. Er war etwas unsicher, aber das war normal beim ersten Flug. Es dauerte nicht lange und er flog immer besser, er flog und flog und wollte gar nicht mehr ins Nest zurück. Als er seine Angst überwunden hatte wusste er, dass Fliegen, die schönste Sache der Welt war. Voller Freude kehrte er zu seinem Nest zurück.

Dort saß seine Mama und klatschte mit ihren Flügeln: »Du hast es geschafft, wie wunderbar!«

»Ja!«, rief Zippi voller Stolz. »Der Holunderbusch, Paul und Paulinchen, Leo, Samtpfote und Max haben mir ganz viel Mut gemacht!«

»Ihr seid wunderbar«, meinte die Vogelmama. »Ich danke euch, denn als junges Tier braucht man viel Mut und gute Freunde.«

Ein weiterer Tag ging für Paulinchen zu Ende. Seltsam, sie fragte nach dem Winter und bekam noch viel, viel mehr erzählt. *O wie aufregend doch das Leben ist, ich freue mich schon auf morgen.*

»Ich schlafe heute noch einmal bei dir, lieber Holunderbusch.«

»Danke kleiner Schmetterling. Jetzt weiß auch ich, was Winter heißt. Siehst du? Manchmal muss man viele Jahre warten, bis ein kleiner Schmetterling eine Frage stellt, um selbst dazuzulernen. Denn auch ich halte Winterschlaf. Im Herbst ziehe ich meine Kraft in meine Wurzeln zurück, dabei verliere ich alle meine Blätter. Die werden erst ganz bunt, später fallen sie ab und wärmen meine Wurzeln. Während ich schlafe, kommen schon die neuen Knospen, darin sind die neuen Blätter für mein Blattkleid und die Blüten für das kommende Jahr. Sobald ich die ersten warmen Sonnenstrahlen fühle, werde ich wach. Vom Winter hatte ich keine Ahnung, aber durch das, was Oscar erzählte, weiss ich jetzt, was in meiner Ruhezeit alles geschieht.«

»Gute Nacht, lieber Holunderbusch. Danke, dass so viele Tiere und auch ich deine Gäste sein dürfen.«

»Gute Nacht, Paulinchen. Schön, dass es dich gibt!«

»Das finde ich auch: Schön, dass es dich gibt, lieber Holluderbusch.«

Wieder ging ein aufregender Tag für Paulinchen zu Ende.

Paul und Paulinchen feiern Hochzeit

Die Tage vergingen und Paulinchen lernte immer mehr vom Leben kennen. Hatte sie am Anfang viel Freude, alleine schon dadurch, dass sie ständig Neues entdeckte, so kam nun auch die Erkenntnis hinzu, dass es für den kleinen Schmetterling auch viele Gefahren gab. Vögel fressen Schmetterlinge gerne und Vögel gab es ziemlich viele, stellte Paulinchen fest. Anfangs war sie über jeden Vogel erfreut, den sie sah, doch jetzt, da der kleine Schmetterling wusste, dass er Vogelfutter werden könnte, war er sehr vorsichtig geworden.

Paul wusste das alles schon, aber Paulinchen musste ihre eigene Erfahrung machen, sonst würde sie nicht lernen, selbstständig zu sein und die Verantwortung dafür zu übernehmen, was sie tat.

Die zwei Schmetterlinge waren überall bekannt. Wenn einer kam, dauerte es nicht lange, und der Zweite war auch da. Paulinchen war ein sehr neugieriger Schmetterling, sie fragte und fragte und fragte ... Das kam natürlich Paul zugute, den Paulinchen erzählte ihm sehr viel. Ganz egal, wo der kleine Schmetterling hinkam, wurde er mit großer Freude empfangen. Ganz gleich, auf welcher Blume er sich niederließ, hielt er immer zuerst ein Pläuschchen.

Eines Tages sagte die Margerite: »Weißt du, Paulinchen, wie schön es ist, von deinen Erfahrungen als Schmetterling zu hören? Denn wir Blumen stehen immer an der gleichen Stelle. Der Einzige, der uns was erzählt, ist der Wind, denn er kommt ja von weit her. So erzählt er von Bergen, Meeren und anderen Ländern, aber du erzählst von hier, wo wir leben. Schön, dass es dich gibt.«

Paulinchen war ganz gerührt: »Das mache ich von Herzen gerne, liebe Margerite, du gibst mir Nahrung und ich erzähle dir von meinem Leben. Das Leben ist doch ein Geben und Nehmen. Bis bald!«, rief Paulinchen und flog davon.

Heute war für Paul ein ganz besonderer Tag, denn er wollte heute Paulinchen etwas Wichtiges fragen. Wie immer war sie unterwegs und er sah, wie sie sich mit der Margerite unterhielt. Jetzt flog sie endlich weiter.

In Windeseile flog Paul zu Paulinchen und rief ihr zu: »Hast du Lust, mit mir zu unserem Schmetterlingsflieder zu fliegen?«

»Ja, gerne!«

Schon waren die beiden unterwegs zu dem Platz, an dem sie sich zum ersten Mal begegnet waren. Der Schmetterlingsflieder stand in voller Blüte, die Rispen schaukelten sanft im Wind. Er verströmte einen wunderbaren Duft, das lockte natürlich viel Schmetterlinge, Hummeln, Wespen und Bienen an.

Paul fand eine Rispe, wo noch niemand war. Er setzte sich und Paulinchen landete gleich neben ihm.

Jetzt oder nie, dachte sich Paul. Er verbeugte sich vor Paulinchen.

Sie schaute ihn verwirrt an, so kannte sie Paul ja gar nicht. Ihr wurde es etwas mulmig, denn er war so anders als sonst.

»Paulinchen, willst du meine Frau werden?«

»Was ist eine Frau?«, fragte Paulinchen.

Diese Frage hatte Paul nicht erwartet. Er fing an, es ihr zu erklären: »Weißt du, das ist so: Damit die Natur, in der wir leben, immer weiter fortbesteht, braucht sie ständig neue Bewohner, denn nichts bleibt für immer. Also muss sich alles vermehren, das heißt, das Leben, so wie es an dich und mich weitergegeben wurde, auch von uns wieder weitergegeben werden sollten. Bevor wir Schmetterlinge wurden, musste unsere Mama erst Eier ablegen. Daraus schlüpften dann kleine Raupen. Die fraßen dann Blätter und wurden groß. Dann hörten sie auf zu fressen und spannen sich ein, in einen Kokon, das ist wie ein kleines Häuschen. Dort schliefen sie, bis der große Augenblick kam und sie als Schmetterlinge erwachten. Dann beginnt die Geburt eines Schmetterlings. Er beißt von innen das Häuschen auf. Mit ganz viel Kraft schlüpften du und ich und alle anderen Schmetterlinge ins Leben. Den Rest kennst du ja. Jetzt ist es so weit, dass auch wir das Leben weitergeben und der Natur neue

Schmetterlinge schenken können. Willst du das mit mir machen?«

Paulinchen hatte ganz gespannt zu gehört. Auch sie hatte schon gemerkt, dass es noch etwas anderes geben musste als nur Nektar trinken, fliegen und schlafen. Jetzt verstand sie, dass das Leben auch ein Weitergeben ist. »Was soll ich jetzt tun, Paul?«

»Sag einfach Ja!«

»Ja!«, sagte Paulinchen, denn sie konnte sich ein Leben ohne Paul nicht vorstellen und einen besseren Papa für ihre Schmetterlingskinder auch nicht.

Sie waren beide überglücklich.

Dass Paulinchen und Paul Hochzeit hielten, verbreitete sich wie ein Lauffeuer. Viele Tiere kamen, um den beiden Glück zu wünschen. Alle halfen zusammen und legten aus Blüten ein wundervolles Herz. Paulinchen und Paul mussten sich in die Mitte setzten. Liebevoll schmiegten sie sich aneinander. Ihre Fühler berührten sich ganz zart, ihre Flügel schwangen leicht im Wind und ihre Körper wurden eins.

Bald darauf legte Paulinchen ihre Eier unter Blättern ab. Zärtlich und ganz liebevoll wünschte sie ihren kleinen Schmetterlingskindern eine gute Reise ins Leben.

Paulinchen und Paul blieben unzertrennlich. Sie wünschten sich, dass ihre Kinder der Natur ganz viel Liebe brachten, wie sie es immer getan hatten und noch immer tun: »Danke für alles Paulinchen, ich hab dich ja so lieb!«

»Und ich Dich auch, Paul.«

Felix – ein kleiner Wassertropfen geht auf eine große Reise

Der Moment war gekommen, an dem der kleine Wassertropfen Felix seine große Reise begann. Die Quelle hatte ihm und all den anderen Tropfen erzählt, dass sie nun bald die Dunkelheit verlassen und eine lange Reise machen würden, aber das verstand niemand, denn bisher waren sie bei der Quelle tief in einem Berg, wo es ganz still war. Die Wassertropfen kannten kein Licht, allein schon deshalb war ihre Erwartung besonders groß, denn die Quelle hatte ihnen von der Sonne erzählt. Sie sagte ihnen aber auch, dass die Sonne sehr, sehr warm war und Wassertropfen unter ihren Strahlen verdunsten konnten.

Immer schneller schwammen die Tropfen ganz eng aneinandergeschmiegt dem Quellenausgang entgegen. Plötzlich riefen alle: »Das Licht! Die Sonne!« Und es war so, wie die Quelle es ihnen gesagt hatte. Es war alles ganz hell und warm. Felix fühlte sich richtig wohl.

Stopp, dachte er sich, *ich muss mich zuerst umsehen, wo ich nun bin.* Er landete auf einem kleinen Stein, an dem hielt er sich fest. Der kleine Wassertropfen Felix nahm sich viel Zeit dafür, sich umzusehen. Er war sehr neugierig. Alles, was er hier sah, war für ihn ganz neu. Er kannte nicht die grünen Pflanzen, Blümchen, Steine, die Sonne und den blauen Himmel, der so weit und so groß aussah. Er sah die vielen anderen kleinen Tropfen, die dahinschwammen. Er fand diese neue Welt wunderschön und dankte der Quelle, dass er das hier erfahren durfte.

»Wenn du noch ein bisschen hier sitzt, wirst du bald verdunsten, dann war deine Reise sehr kurz, mein Freund«, sagte der Stein, auf dem Felix saß.

Da erinnerte sich Felix daran, was die Quelle gesagt hatte, dass man durch die Sonnenwärme verdunsten konnte. Felix hüpfte schnell zu den anderen Tropfen.

Der Stein rief ihm nach: »Gute Reise, kleiner Tropfen.«

»Dir auch eine gute Zeit«, rief Felix noch und schwamm weiter.

Schnell ging es dahin und den Berg hinunter. Der kleine Tropfen konnte sich kaum noch umsehen, doch seine Neugierde war geweckt und er versuchte, an das Ufer zu gelangen. Da sah er ein Blatt und – Schwups – setzte er sich darauf. Er sah die anderen Tropfen schnell vorbeischwimmen.

Vorsichtig rollte er bis zum Blattrand und beobachtete die Fische im Wasser. Wo kamen die denn her? Da spürte er einen kleinen Windhauch, das waren die Flügel einer Libelle, und neben ihm quakte ein Frosch; viele kleine Mücken tanzten in der Sonne.

Felix, der kleine Wassertropfen, war fasziniert und glücklich, was er alles sah.

Da mahnte ihn die Sumpfdotterblume: »Bleib nicht solange auf meinem Blatt sitzen, sonst verdunstest du!«

»Das vergesse ich immer wieder«, meinte der kleine Tropfen, sprang zu den anderen Tropfen und schwamm davon.

Er erinnerte sich an die Quelle, die zu ihnen sagte: »Wasser und die Sonne sind auf der Welt das Wichtigste. Die Erde braucht Wasser und Wärme, damit alles wachsen und gedeihen kann. Euer Auftrag ist es, dem Leben dabei zu helfen, zu sein. Denn ohne Sonne und Wasser ist kein Leben möglich.« Da begriff der kleine Tropfen, wie wichtig er und alle anderen Tropfen auf dieser Erde waren.

Immer schneller wirbelten sie dahin und plötzlich waren sie im freien Fall. Was war das? Das war Felix erster Wasserfall. Juchhu, wie schön doch das Leben war, dachte sich der kleine Tropfen.

Da sah er etwas Dunkles vor sich, es fühlte sich weich an. Felix hielt sich fest und schon saß er am Ufer. Wieder sah er, wie schnell die anderen Tropfen an ihm vorbeirauschten. Er fühlte unter sich etwas, das er nicht kannte.

Da hörte er ein zartes Stimmchen, das von einer kleinen Fliege kam: »Kleiner Tropfen, wenn du noch länger auf dem Frosch sitzenbleibst, wirst du verdunsten!«

Den Spruch kannte Felix schon. Also rief er: »Frosch, bring mich bitte ins Wasser zurück!«

Der Frosch war ganz verdutzt, wer sprach denn da mit ihm? Er fragte den kleinen Wassertropfen: »Meinst du mich?«

»Ja, dich meine ich.«

»Halt dich fest!«, rief der Frosch und sprang ins Wasser.

Voller Freude schwamm Felix mit den anderen Tropfen weiter. Dem Frosch rief er noch zu »Danke, lieber Frosch!« und fort war er.

Felix der kleine Wassertropfen war begeistert von den vielen Erfahrungen und zugleich ganz aufgeregt, was wohl noch alles kommen würde. Die vielen Tiere, Pflanzen und das Wasser, von dem er ein ganz kleines Teilchen war, das alles fand er wunderschön.

Es wurde dunkel und sein erster Tag als kleiner Tropfen ging zu Ende. Das Wasser floss ungehindert weiter und Felix mit ihm.

Endlich wurde es wieder hell. Doch was war das? Es kamen ganz viele neue Tropfen dazu, aber nicht wie er aus einer Quelle, sondern die kamen von oben. Felix kam aus dem Staunen nicht mehr heraus. Es waren ganz, ganz viele, vor allem große Tropfen.

»Woher kommst du?«, fragte Felix den großen Tropfen neben sich.

»Ich komme aus den Wolken.«

»Und wie kamst du dahin?«, wollte Felix wissen.

»Die Sonne hat mich ganz leicht gemacht, so stieg ich nach oben und mit mir ganz viele andere Wassertropfen. Dort wurden wir zu einer großen Wolke und jetzt fallen wir alle als Regentropfen wieder auf die Erde. Schön, dass du mich fragst, denn kaum ein Tropfen interessiert sich wirklich dafür, was mit ihm geschieht. Sie kommen aus der Quelle, machen ihre Reise über Berge und durch Täler werden zu reißenden Flüssen, um dann irgendwann im Meer anzukommen. Die Existenz als Wassertropfen ist ein großes Abenteuer, denn alles, was lebt, braucht Wasser. Jetzt müssen wir aufpassen: Wenn die Sonne am Himmel erscheint, können wir auf ihren Strahlen nach oben steigen und so dabei sein, wenn das Naturschauspiel eines wunderschönen Regenbogens zu sehen ist!«

»Was ist ein Regenbogen?«, fragte Felix.

»Ein Regenbogen ist eine große Ansammlung von Wassertropfen, in der sich die Sonnenstrahlen spiegeln, sodass ein großer farbiger Bogen am Himmel entsteht. Das ist die Verbindung zwischen Himmel und Erde!«

»Und ich kann die Erde von oben sehen!«, rief Felix.

In der Zwischenzeit hatte es aufgehört zu regnen. Die Sonne kam hinter den Wolken hervor und schickte ihre Strahlen auf die Tropfen, zog sie zu sich empor. So wurden der große Wassertropfen, der kleine Wassertropfen Felix und die vielen anderen Tropfen ein wunderschöner Regenbogen. Der Traum, ein kleiner Teil dieses herrlichen Naturwunders zu sein, erfüllte sich für beide.

Aus den vielen Tropfen des Regenbogens wurde erneut eine Regenwolke. So konnte Felix nun auch die Erde von oben bestaunen, als er mit den anderen Regentropfen wieder zur Erde fiel. Für Felix war das ein wundervolles Gefühl und die Erde sah von oben gigantisch aus.

Beide landeten wieder im Fluss. Jetzt musste Felix sich aber ausruhen, also schwamm er ganz friedlich mit allen anderen dahin, bis es wieder dunkel wurde. Doch er wusste ja: bald würde es wieder hell werden.

Der Fluss wurde immer breiter. Wenn man ans Ufer wollte, musste man ganz außen schwimmen und das war nicht einfach, bei so vielen aneinandergedrückten Wassertropfen. Denn alle hatten ein großes Ziel: das Meer.

Es vergingen viele Tage und Nächte. Die Reise der Tropfen wurde immer schneller und Felix hatte schon viel erlebt. Er sah Schiffe, viele Fische, Pflanzen und Menschen, die im Wasser schwammen, Plastikflaschen, Holzstücke und Plastiktüten trieben mit ihnen Richtung Meer.

Plötzlich wurde es viel ruhiger und er sah nur noch Wasser. *Ob das das Meer ist?* Ja, es war das Meer! Auf dem Meeresboden sah Felix Korallen, Seesterne, Seepferdchen, große Schnecken, viele Fische und alles war wunderbar bunt. Es war ganz still, obwohl so viele Tiere und Wassertropfen zusammen waren.

Wer weiss, wie lange der kleine Wassertropfen Felix im Meer sein wird. Vielleicht wird er eines Tages zu Eis und Teil eines Gletschers, wo er viele, viele Jahre eingefroren bleibt. Oder er kommt als Schneeflocke wieder. Vielleicht wird er dann ein Tautropfen, oder eine Träne oder

Teil eines Wasserbrunnens in der Wüste, vielleicht wird er sogar ein Teil des Fruchtwassers im Bauch einer Mutter, in dem neues Leben heranwächst. Ganz gleich, wie lang der Weg eines Wassertropfens ist, irgendwann beginnt seine Reise wieder von vorne. Er kommt aus einer Quelle, um wieder auf eine unbekannte Reise zu gehen.

Danke, liebes Wasser, ohne dich gäbe es uns nicht.

Die Schneetanne oder der Baum der Liebe

Der Schnee fiel und fiel, alles sah aus, wie in Watte gepackt. Man hörte kaum noch etwas. Doch wenn man lauschte, vernahm man einen leisen Seufzer – aber woher kam der?

Es war die Tanne, die leise sprach: »Wenn es nicht bald aufhört zu schneien, kann ich diese Last nicht mehr tragen!«

Viele Jahre stand sie hier und konnte viele Geschichten von Kindern und Tieren erzählen. Kinder, die unter ihr Schutz suchten, wenn sie traurig waren. Für die Tiere wurde sie ein Zuhause. Und wieder stöhnte sie, ihre Äste wurden immer schwerer. Langsam kamen ihr die Tränen.

Unter ihren Wurzeln lebte auch der Baumgeist Livi. Außerdem wahren auch kleine Elfen und Gnome hier, die seit langer Zeit, eigentlich von Anbeginn, an diesem Fleck mit der Tanne zusammen waren. Langsam wurde ihnen alle

Angst und Bange, denn sie spürten es, wenn ihre geliebte Tanne Sorgen hatte. Wenn starker Wind kam, hielten sie ihr den Stamm fest, wenn zu viele Tannenzapfen an ihren Zweigen hingen, hüpften sie auf ihnen herum, um sie herunterzuschütteln. Nur dieser Schnee machte sie hilflos. Er war zu schwer für die kleinen Baumbewohner.

Als das Stöhnen des Baumes immer lauter wurde und die Tränen immer stärker liefen, kam langsam Panik bei ihnen auf. Sie riefen verzweifelt: »Bitte helft unserem Baum!«

Da kam ein Vogel, der die Schreie der kleinen Baumbewohner gehört hatte. Er sagte: »Ich helfe euch.« Er flog auf die Zweige und zupfte, aber es half nichts. Der Schnee war zu fest und zu schwer.

Langsam neigte sich die Tanne unter der Last und der kleine Baumgeist Livi weinte nun mit, die anderen konnten ihn kaum trösten. Es kamen nun auch viele Tiere. Hasen, Rehe, Hirsche und Füchse standen um die große Tanne herum und sagten: »Wenn wir hier stehenbleiben und ihre unteren Zweige etwas stützen, wird es vielleicht leichter für unsere Tanne.« Sie wollten ihr etwas zurückgeben von der Liebe und Fürsorge, die sie ihnen und ihren Jungen so oft hatte angedeihen lassen.

Aber alle Mühe war vergeblich, denn es schneite unaufhörlich weiter.

Leise sagte die Tanne unter Tränen: »Danke für eure Freundschaft, aber die Last ist zu schwer für mich, ich glaube nicht, dass ich das länger ertragen kann!«

Es ächzte fürchterlich und die Tränen der Tanne liefen wie ein Rinnsal den Stamm hinunter. Alle weinten mit ihr.

Plötzlich ertönte ein leises, helles Singen! Feiner Goldstaub flog über den verschneiten Baum und der Schnee wurde immer weniger auf den Ästen, der Staub fiel solange, bis nur noch ein leichter Schneeflaum zu sehen war. Da bewegte die Tanne glücklich ihre Äste. Die Tiere jubelten. Was war geschehen?

Da sagte eine leise feine Stimme: »Ich habe euer Rufen und Weinen gehört und bin euch zu Hilfe gekommen.«

»Wer bist du?«, fragte Elfchen.

»Ich bin Eli-Cri vom Stern der Liebe. Ich habe ein Zaubertuch, einen Zauberstab und Zauberstaub, damit helfe ich, wo ich kann. Der Wunsch muss aber von Herzen kommen, denn ich verstehe nur die Sprache der Liebe. Und ich sehe und spüre hier viel Liebe, denn so viele haben um diesen Baum geweint. Und ich habe euch gerne geholfen.«

So leise er gekommen war, verschwand der kleine Engel wieder.

»Danke lieber Zauberengel Eli-Cri!«, riefen alle im Chor und hofften, dass er sie noch gehört hatte.

Alle versammelten sich unter ihrem geliebten Baum, umarmten ihn, streichelten seine Äste und sagten der Tanne, wie lieb sie sie hatten.

Als am nächsten Tag, die Kinder vorbeikamen und den Zauberstaub sahen, blieben sie stehen und bestaunten die Tanne, denn sie sah im Sonnenlicht aus wie ein goldener Weihnachtsbaum.

In diesem Winter kamen noch viele Menschen, um den Baum der Liebe zu besuchen.